AF242245

DISCOURS

SUR

LA LIBERTÉ.

DISCOURS

SUR

LA LIBERTÉ,

Prononcé à l'occasion de la cérémonie de la Bénédiction des Drapeaux du District de Saint Nicolas du Chardonnet, dans l'Église Paroissiale de ce nom, le Mercredi 2 Septembre 1789.

Par M. Mulot, Chanoine-Régulier de l'Abbaye Royale de Saint Victor, Docteur en Théologie de la Faculté de Paris, alors Président du District, & maintenant l'un des Représentans de la Commune à l'Hôtel-de-Ville de Paris.

Imprimé sur la demande du District.

A PARIS,

Chez Moutard, Imprimeur-Libraire, rue des Mathurins, Hôtel de Cluni.

1789.

DISCOURS

SUR

LA LIBERTÉ.

*Singuli per turmas, signa atque vexilla & domos cog-
nationum suarum castrametabuntur filii Israël per gyrum
Tabernaculi fœderis.*

Les enfans d'Israël disposeront leur camp autour du
Tabernacle de l'alliance par diverses bandes, chacun
sous les drapeaux & les enseignes de la maison paternelle.
Au Livre des Nombres, c. 2, v. 2.

LES hommes les plus éclairés, étonnés
de toutes les merveilles que leur offroit
l'Histoire du Peuple Hébreu, n'ont pu
s'empêcher de reconnoître dans son
gouvernement une véritable *Théocratie.*
Tout s'y passoit, en effet, sous la con-

duite de l'Etre suprême , dont les volontés étoient annoncées par des Interpretes vénérables & divins. Tout y portoit l'empreinte du Dieu qui avoit fait de ce Peuple un Peuple chéri. Ses Loix étoient écrites de sa main : il avoit dicté ses cérémonies , indiqué les Chefs de la Religion , dessiné jusqu'à la forme de leurs vêtemens , tracé la ligne des camps & la marche des enfans d'Israël ; mais ce qui s'est passé si visiblement chez les Hébreux , est commun à tous les Royaumes; &, lorsque l'immortel Evêque de Meaux (1) peignoit à grands traits l'Histoire de toutes les Nations, il n'oublioit pas dans ses tableaux de les placer toutes sous la main du Roi des Rois , que l'on y voit créant ou renversant , protégeant ou frappant les Empires. Ah ! si cet homme éloquent eût vécu de nos jours, avec quel succès il eût annoncé cette éclatante vérité ! comme il eût montré l'œuvre de la Provi-

______

(1) Bossuet , Histoire Universelle.

dence dans la fuite des événemens qui ont préparé, accompagné, confommé notre révolution ! comme il eût fait admirer cette Providence dans les fentimens paternels de notre Souverain, dans l'aveuglement des ennemis du Prince & de la Nation, dans la création de nos armées foudaines, dans la moindre de nos démarches ! il eût pu la faire remarquer encore dans la cérémonie qui nous raffemble. Oui, c'eft la Providence qui conduit dans nos Temples toutes les troupes qu'ont formées le Patriotifme & l'amour de la liberté ; c'eft elle qui leur infpire de demander au Ciel qu'il répande fes bénédictions fur les drapeaux qu'elles veulent fuivre. Elles me retracent ce que firent les troupes Hébreufes par l'ordre exprès de la Divinité, & je reconnois dans mes Concitoyens, ainfi réunis autour de nos autels avec leurs étendards, les enfans du Peuple chéri, difpofant leur camp autour du Tabernacle de l'alliance, par diverfes bandes, chacun

A iv

sous les drapeaux & sous les enseignes, de la maison paternelle.

Mais pourquoi des drapeaux ? les ennemis sont-ils à nos portes ? une guerre inattendue nous menace-t-elle ? Non, ce sont les drapeaux qu'en sortant du tombeau, où l'avoit enseveli la tyrannie ministérielle, arbore la liberté , la liberté, don du Créateur qu'il rend à votre courage, dont le sang de vos braves a scellé la chartre indélébile , la liberté pour laquelle vous êtes tous prêts à combattre , prêts à mourir.

A combattre ? à mourir ? à Dieu ne plaise ! Ces drapeaux ne seront point le signe des combats , ils seront les monumens d'une grande victoire, l annonce de l'union, de la paix. de la concorde fraternelle , de cette concorde qui , fondée sur la loi d'une parfaite liberté , devient la base du bonheur général.

Pour l'assurer ce bonheur , ô Milice citoyenne ! Milice vénérable ! ô Chrétiens ! qu'il me foit permis de rappeler les devoirs que la raifon impofe aux Soldats de la Patrie, devoirs que fanctifie la Religion. Je ne puis mieux vous témoigner ma reconnoiffance, du choix que vous avez fait de moi pour votre Orateur dans cette augufte cérémonie, qu'en vous traçant, en Miniftre du Dieu des Armées, du Dieu de Paix, tout ce que vous devez faire pour la liberté, & en vous indiquant les bornes dans lefquelles vous devez la circonfcrire. Ce n'eft pas, en effet, toute liberté, comme dit l'Apôtre Saint Jacques, c'eft la liberté parfaite qui fait notre bonheur. *Qui perfpexerit in lege perfectæ libertatis, & permanferit in eâ..... beatus in facto fuo erit.*

La LIBERTÉ, difoit un Écrivain célebre (1), eft tellement précieufe, qu'il n'eft

---

(1) *Libertas res eft defiderabilis ac pretiofa, talifque, quæ digna fit ut nullum periculum defugiamus, fi qua fpes affulgeat minimè frivola nos eam poffe aliquâ faltem ex parte tueri.* Fr. Guicch. Hift. lib. 1.

pas de danger que nous devions éviter lorf-
qu'il s'agit de la défendre, ou dès que nous
concevons la moindre efpérance fondée
de la recouvrer en le bravant. Cette im-
muable vérité eft gravée dans le cœur de
l'homme par la même main qui lui a imprimé le caractere & donné la confcience
de fa grandeur ; mais, fi c'eft par le courage qu'il faut reprendre ou conferver ce
bien inappréciable , il faut s'impofer
la loi de ne pas devenir oppreffeur en at-
taquant l'oppreffion, & tyran en combat-
tant la tyrannie. Il faut ne pas confondre
la puiffance ufurpée avec la puiffance qui
vient de l'Etre fuprême , & à laquelle on
doit être foumis, fi l'on ne veut point, en
refufant de lui obéir, devenir comme ceux
dont parle le Prophete Ofée, qui voulant
fecouer le joug , font devenus comme un
arc trompeur , & l'objet des infultes de
leurs voifins (1). Il faut..... ah! Meffieurs,
pour vous tracer ce qu'il faut que vous

---

(1) Ofée, Proph. c. 7.

faſſiez en faveur de la liberté , je n'ai qu'à peindre ce que vous avez fait : on verra l'oppreſſion à ſon comble , le cri de la liberté vous rallier , les prodiges de votre bravoure,& la paix & le bonheur naître du ſein des combats. Ce n'eſt point contre une ombre de tyrannie que vous vous êtes élevés : vous ne vous êtes point créé des fantômes , pour , ſous le prétexte de les détruire , accabler des ennemis particuliers : vous n'avez pas voulu ſecouer un joug légitime que vous vous étiez impoſé vous-mêmes par le ferment de vos aïeux, lorſqu'ils ont remis la puiſſance ſuprême entre les mains du premier Chef de la race des Bourbons ; vous n'avez fait que vous défendre , lorſque le Deſpotiſme a voulu vous écraſer. Le Deſpotiſme ! eh ! ce n'étoit pas dans la main du Souverain qu'il avoit ſa force ; le Souverain lui-même en étoit la premiere victime. Des hommes pervers , ambitieux , qui , par des routes tortueuſes , étoient parvenus juſqu'aux marches du Trône , & avoient ſurpris la confiance du

Monarque , trompé par l'apparence féduifante de quelques vertus : des hommes méchans étoient les ufurpateurs d'un pouvoir qu'ils avoient rendu arbitraire, abfolu , &, fous le nom facré du Prince, qu'ils n'ont pu cependant rendre odieux (tant eft fort l'amour des François pour leur Roi !), ils ont commis des horreurs: ils enlevoient les femmes aux Citoyens, les Citoyens à leurs foyers. Autres Nabuchodonofors, ils faifoient jéter dans des cachots, tombeaux véritables , ceux qui ne vouloient point fléchir le genou devant leurs ftatues, ou refufoient de fe ployer fous leur verge de fer; ils dilapidoient à l'envi les Finances de l'Etat. Oubliant leur propre nature & l'humanité, ils ne regardoient le Laboureur, le premier des Citoyens, que comme une bête de fomme, deftinée uniquement à lui ouvrir , au prix de fes fueurs , la fource de toutes leurs jouiffances : ils ne confidéroient les Plébéiens que comme un troupeau vil dont le produit devoit augmenter

leurs richeſſes , & qu'ils pouvoient im-
moler à leur gré , ſans qu'ils euſſent à ſe
plaindre. Les ſoldats, à leurs yeux , étoient
les agens muets, gagés & mécaniques, faits
pour être les miniſtres de leurs cruautés.
Toutes ces abominations vous étoient
connues ; & cependant vous reſpecliez encore dans leurs perſonnes , l'autorité
même dont elles abuſoient. Il a fallu
qu'ils menaçaſſent d'envahir votre ville ,
de renverſer vos demeures , & qu'ils com-
mençaſſent à verſer votre ſang , pour que
vous priſſiez les armes : alors vous vous
rappelâtes toutes les leçons que la Providence avoit permis à vos Philoſophes de
vous faire ſur les droits impreſcriptibles
de l'homme, leçons puiſées dans nos Li-
vres Saints , où le Créateur des humains
les a conſignées lui-même. Ces principes
échaufferent vos ames & vous communi-
querent ce pouvoir de réſiſtance qui a produit tant de merveilles, & qui a fait de
vous comme une maſſe impénétrable aux
coups de la tyrannie & du deſpotiſme. A

la vue de vos armées subites & inatten-
dues, le monstre a fui. Hydre à mille têtes,
il en a vu tomber quelques-unes, & n'a
sauvé les autres qu'en se cachant dans des
antres aussi obscurs , aussi tortueux, aussi
noirs que son cœur.

En fuyant, le Despotisme a déchiré le
voile qu'il avoit eu soin d'étendre entre
le Souverain & son Peuple : alors le Monarque a vu ce Peuple tel qu'il étoit, non,
comme un Peuple révolté, furieux, ainsi
que le lui peignoit l'imposture intéressée,
mais comme un Peuple doux , patient, qui
le plaignoit lui-même d'être trompé , &
qui le chérissoit encore lors même qu'il
le rendoit victime de son erreur.

A cette vue, son cœur s'est ému, l'aimant
de l'amour l'a rapproché de lui : il s'est
jeté dans son sein. Vous l'avez vu , Messieurs ; ce n'étoit plus un de ces Dieux de
la terre inaccessible au milieu des légions
qui l'environnent, c'étoit un homme au
milieu des hommes : le Souverain & les
Sujets, muets d'abord de sensibilité, recou-

vrerent bientôt la parole pour célébrer ensemble la liberté qu'ils acquéroient l'un & l'autre. La loi de la liberté, cette loi de la Nature est redevenue la premiere des loix de la Nation, &, comme loi de la Nation, faite par le Peuple, elle a reçu la sanction du Monarque.

Ah ! quel admirable moment ! Qui pourra jamais peindre un Roi que l'on chérit, un Roi, le plus puissant des Rois de l'Univers, attachant au modeste chapeau qui lui tient lieu de couronne, le ruban que le simple Bourgeois a pris pour emblême de sa liberté, & le montrant à tous les regards, ne se donner que pour le premier Citoyen de la Patrie ? Qui pourra jamais exprimer la joie franche & naïve répandue sur tous les visages, lorsque renversant leurs armes, les Soldats de la liberté annonçoient que la paix étoit déformais leur partage ? Quels échos assez sensibles, assez fideles, pourroient redire tous les cris d'alégresse que les Citoyens poussoient à l'envi, & que les meres attendries s'efforçoient de faire répéter à leurs enfans, qui n'avoient encore pu prononcer que leur nom ?

A tous ces objets, caufes fécondes de la joie générale, je n'oublierai point de joindre le fpectacle de la chute prefque fubite du palais affreux du Defpotifme, de ce château fameux, qui, conftruit d'abord pour la défenfe de la capitale, en devint la terreur, & qui, domicile de la tyrannie, fembloit y participer & l'exercer lui-même ; de ce château qui, vainqueur des efforts des plus grands guerriers, eft devenu la conquête d'une troupe fans difcipline, fans Chef, & prefque fans armes; de ce château dont le front orgueilleux menaçoit le Ciel, dont la durée bravoit le temps, & qui n'exifte plus ; dont les pierres, honteufes de leur réfiftance, paroiffoient, en tombant, moins obéir aux loix phyfiques de leur gravité, que fe précipiter elles-mêmes pour fe dérober aux regards triomphateurs de la liberté.

Je n'oublierai point cet autre fpectacle

qu'offroient

qu'offroient les Repréfentans de la Nation qui environnoient le Souverain, & formoient autour de lui cette couronne précieufe dont parle l'Auteur du Livre de l'Eccléfiaftique, cette couronne de freres (1), qui, placés autour de lui, donnoient l'image d'une plantation des cedres du Liban, & qui, comme les rameaux du palmier, concouroient à fa gloire.

Je ne fçaurois oublier encore de vous rappeler le coup d'œil admirable que préfentoit une Milice innombrable pleine de courage, mais fe repofant moins fur fes forces perfonnelles, que fur l'expérience du Héros que fon choix a placé à fa tête; d'un Héros qui poffede & les qualités militaires & les vertus civiles; dans qui l'on aime à contempler la candeur de l'ame pure, & l'intégrité de l'honnête homme;

---

(1) *Circà illum corona fratrum quafi plantatio cedri in monte Libano, fic circà illum fteterunt quafi rami palmæ & omnes filii..... in gloriâ fuâ* Eccleliaft. c. 50. v. 13. 14.

B

qui réunit, par un heureux accord, & la
févérité néceffaire pour commander , &
la prudence que les circonftances deman-
dent , & la douceur qu'annonce fon vi-
fage ; d'un Héros enfin, dont les premiers
pas vers la gloire furent des pas de géant, &
qui, l'étonnement d'un autre Monde, n'en
eft revenu couronné de lauriers que pour
en faire hommage à fa Patrie.

Pourrois-je couvrir des voiles du filence
ce tableau magnifique de notre Capitale,
guidée dans fes démarches par un de ces
hommes rares, qui, n'ayant vécu jufqu'alors
que dans la retraite qu'aiment les Sciences,
& ne connoiffant encore que les couronnes
qu'elles procurent, & les douceurs qu'elles
répandent fur ceux qui les cultivent, porté
dans l'Affemblée Nationale par le vœu de
fes Concitoyens, fans l'avoir follicité , fans
l'avoir prévu, a paru comme une lumiere
refplendiffante au milieu d'elle, & par la
précifion & la rectitude de fon jugement,
par fa modération & par fa fageffe , eft

devenu l'admiration de l'Europe, & a mé-
rité d'être choisi, d'une voix unanime,
pour gouverner l'une des premieres villes
de l'Univers?

Mais ce que je n'oublierai pas sur-tout
d'essayer de vous peindre, malgré ma
foiblesse, c'est ce qu'a fait la Religion
dans ces circonstances. Depuis long-temps
cachée au fond du sanctuaire, elle pleu-
roit sur nos malheurs, elle gémissoit sur
nos fautes qui en étoient la source.
Par ses sanglots, par ses prieres, elle
s'efforçoit de faire au Ciel cette violence
qu'il aime; elle le conjuroit, elle le
pressoit de jeter ses regards bienfaisans
sur le royaume des François; elle tenoit
autour d'elle ses Ministres effrayés par le
bruit des armes, & outragés trop souvent
par le Peuple, toujours aveugle dans le
malheur: mais tout à coup elle apprend
que ses vœux sont exaucés; que le Ciel
est fléchi; que le Tout-Puissant a frappé
nos ennemis; qu'il les a divisés aussi faci-

lement que l'on divise les eaux, & que dans leur suite ils ont retracé celle des Philistins : elle apprend toutes les merveilles opérées par le Seigneur ; aussi-tôt elle appelle comme David tous les Lévites ; elle prend ses habits de fête, elle réunit ceux qui sont habiles dans le chant, & ceux qui sont célebres dans l'art des instrumens, & de tous côtés elle fait retentir les chants de joie. *Dixitque David Principibus Levitarum, ut constituerent de fratribus suis Cantores in organis musicorum, nablis videlicet, & lyris, & cymbalis, ut resonaret in excelsis sonitus lætitiæ* (1). Le Cantique d'alégresse est chanté dans tous ses temples, & par ces actions de graces qu'elle rend au Dieu des Armées, elle montre qu'elle regarde comme consommé, l'œuvre admirable de notre bonheur.

Gardons-nous de le troubler ce bonheur, en sortant des bornes que la sagesse donne à la liberté ; & dans l'ivresse de

____

(1) Paralipom. xv. v. 16.

nos premieres jouiſſances, ne détruiſons pas
notre propre félicité. Nous la détruirions
cependant, ô mes Freres! ſi, ſous le prétexte apparent de faire uſage de nos
droits, nous détruiſions la liberté, & la
changions en licence. La licence eſt la
porte des crimes, l'avenue des forfaits ;
elle eſt, ô Chrétiens! le premier pas vers
l'eſclavage. Le monſtre que nous avons
vaincu fonde peut-être encore ſes eſpé-
rances ſur nos excès. Qui ſait ſi ſes dé-
fenſeurs n'attendent pas de nous voir em-
barraſſés de nos propres abus, pour nous
ſurprendre & nous donner de nouvelles
chaînes? Ah! par la ſageſſe de notre con-
duite, trompons ces hommes inſenſés,
comme dit l'Apôtre Saint Pierre ; que la
liberté ne ſerve pas de voile à notre ma-
lice, & nous n'aurons point à redouter
leurs attentats. *Benefaciendo obturetis os*
hominibus ſtultis, tanquàm liberi, & non ve-
luti velamen habentes malitiæ libertatem (1).

____

(1) S. Petr. 1, c. 2.

Oui, mes Freres, par notre modération, par notre prudence, anéantiſſons juſqu'aux craintes des moindres dangers. Hélas! juſqu'à ce moment, de combien ne ſommes-nous pas menacés ? Plût à Dieu que ce ne fût que de ces fauſſes alarmes ſemées avec tant d'adreſſe, répandues avec tant de rapidité par nos ennemis, pour troubler notre premier repos & corrompre nos premiers plaiſirs ! Mais jugez-en vous-mêmes.

Vous avez vu la cruauté, la barbarie, ſuccéder aux ſentimens nationaux, à cette douceur, à cette humanité qui nous faiſoit plaindre juſqu'au ſort du criminel que frappoit la Juſtice.

Vous avez vu un Peuple, autrefois compatiſſant, arracher à la ſévérité, à l'examen même de la Loi, des hommes qu'il immoloit à l'inſtant. Des troupes de bourreaux ſe diſputoient le barbare honneur de frapper la victime, ſe plongeoient dans ſon ſang, & ſe partageoient ſes dépouilles pour annoncer qu'ils avoient participé au forfait.

Vous avez vu , vous voyez encore , fous le prétexte d'une permiſſion que la Nation rend à la Nature, des Citoyens effrénés dévaſtant nos champs par des courſes auſſi déſaſtreuſes que les fléaux ſur leſquels nous avons tant pleuré, briſer ſous leurs pieds les épis jauniſſans que la grêle inſenſible eût ménagés davantage , & nous priver d'une partie des récoltes dont nous avons un ſi grand beſoin.

Vous avez vu , & vous voyez encore ſe former , ſe lever de toutes parts de ces Orateurs dangereux , qui, faiſant paſſer les objets dont ils parlent , ſous le priſme de leurs paſſions , les peignent enſuite avec des couleurs qu'ils tirent d'eux-mêmes & non de la vérité , & , par des déclamations violentes , échauffent les eſprits, les diviſent, & troublent une paix d'autant plus néceſſaire en ce moment , que ce n'eſt point au milieu des fluctuations ſucceſſives des opinions outrées , que nos Repréſentans peuvent s'occuper avec fruit du grand travail de notre régénération. Les blâmez - vous ? ils crient à l'intolérance ; & cependant ils ne font, aux yeux même du Paganifme , que de faux Apôtres de la liberté , qui , dans la difcorde qu'ils fement , ne cherchent qu'à faire réuffir quelques efpérances privées , & devroient être toujours bannis de la Société comme les auteurs coupables des troubles & des féditions (1).

Vous avez vu , & vous voyez encore, au deffous du placard patriotique qui invite le Citoyen à mettre en ufage, tous les moyens d'affurer la tranquillité , expofer avec fcandale & profufion le libelle incendiaire qui nourrit & excite la fermentation, & l'eftampe féditieufe & fombre qui laiffe dans le cœur une impreffion funefte au caractere national, à ce caractere de fenfibilité , fi cher aux autres Nations aux-

____

(1) *Falsò & infidiosè libertatis nomen obtenditur ab iis , qui privatim degeneres in Publicum exitiofi , nihil fpei , nifi per difcordias habent itaquè ftatim ut feditionis autores tollendi.* Tacit. Annal. l. II.

quelles jufqu'ici il faifoit oublier nos dé-
fauts.

Ce n'eft pas, certes, à de pareils traits
que l'on peut reconnoître la liberté : ce
font-là les caracteres de la licence, de
cette licence que réprouvent également
& la raifon & la Religion.

Je le fais, Meffieurs, vous tous aux-
quels j'ai l'avantage d'adreffer la parole,
vous n'êtes pas du nombre de ces hommes
fans frein, & je vous en dois le témoi-
gnage folennel ; mille fois je vous ai vu
concourir avec le plus grand zele à répri-
mer les défordres dont je me plains. Mais,
hélas ! la liberté, femblable à la vertu,
tient à des fils fi légers, fi faciles à rompre,
que je tremble à chaque inftant de la voir
s'échapper de nos mains. Comme la pu-
deur, elle peut nous être ravie par une
démarche indifcrette.

Eh ! combien d'adverfaires trouve encore
la liberté dans nos fociétés ! Le luxe en eft
le deftructeur ; les paffions nous l'enlevent,

& elle expire au sein de la volupté comme sous la main de la tyrannie.

Encore si elle n'avoit à redouter que des ennemis étrangers ! mais ceux qu'elle a le plus à craindre sont au dedans de nous-mêmes, sont dans nos cœurs. Oui, Messieurs, le souffle de l'orgueil, de l'égoïsme, est pernicieux à la liberté, & trop souvent ces vices se masquent de maniere à nous séduire ; l'intérêt du bien public leur sert de voile ; ils se montrent sous ces dehors, & trompés par les apparences, nous en devenons les victimes.

O grand Dieu, Etre suprême, vous qui dans vos mains tenez tous nos cœurs ; vous qui les tournez à votre gré ; vous qui, dans les étonnantes révolutions de notre Empire, avez manifesté visiblement votre protection, daignez achever votre ouvrage ! Que ce Peuple qui, de même que celui d'Israël, peut se regarder comme votre Peuple chéri, voie s'affermir à jamais l'empire de la liberté que vous avez établi en créant les hommes, & que vous nous avez rendu dans ces jours mémorables ! Bannissez de nos cœurs cet amour de l'indépendance qui n'est pas la liberté. Imposez-nous, comme aux flots de la mer, des bornes que nous ne puissions pas franchir.

En souvenir de vos bienfaits, nous établirons une fête solennelle qui se renouvellera chez nos derniers neveux ; & quand ils demanderont à leurs peres quelle est cette solennité ? *Quæ est ista Religio ?* leurs peres leur diront avec joie : C'est la solennité du passage de l'esclavage à la liberté, quand le Seigneur a délivré ses enfans chéris du joug de la servitude, & a préservé nos maisons. *Victima transitus Domini est quando transivit Dominus percutiens Ægyptios & domos nostras liberans* (1), & cette réponse fera leur bonheur.

O vous dont la prescience est infinie, Seigneur, vous jouissez d'avance de ce bon-

____

(1) Exode, ch. 12. v. 26. 27.

heur que vous répandrez un jour fur eux, &
dont vous nous accordez de goûter les
premieres douceurs : mais, hélas ! ce bonheur n'eft que paffager ; il en eft un autre
éternel, que vous réfervez à vos élus ; daignez nous l'accorder encore ; & puifque les vices feuls pourroient nous en priver, puifque la liberté ne peut régner où
regnent les vices, en nous donnant &
l'amour de la liberté & le pouvoir de la
conferver, donnez-nous un gage de notre
éternelle félicité.

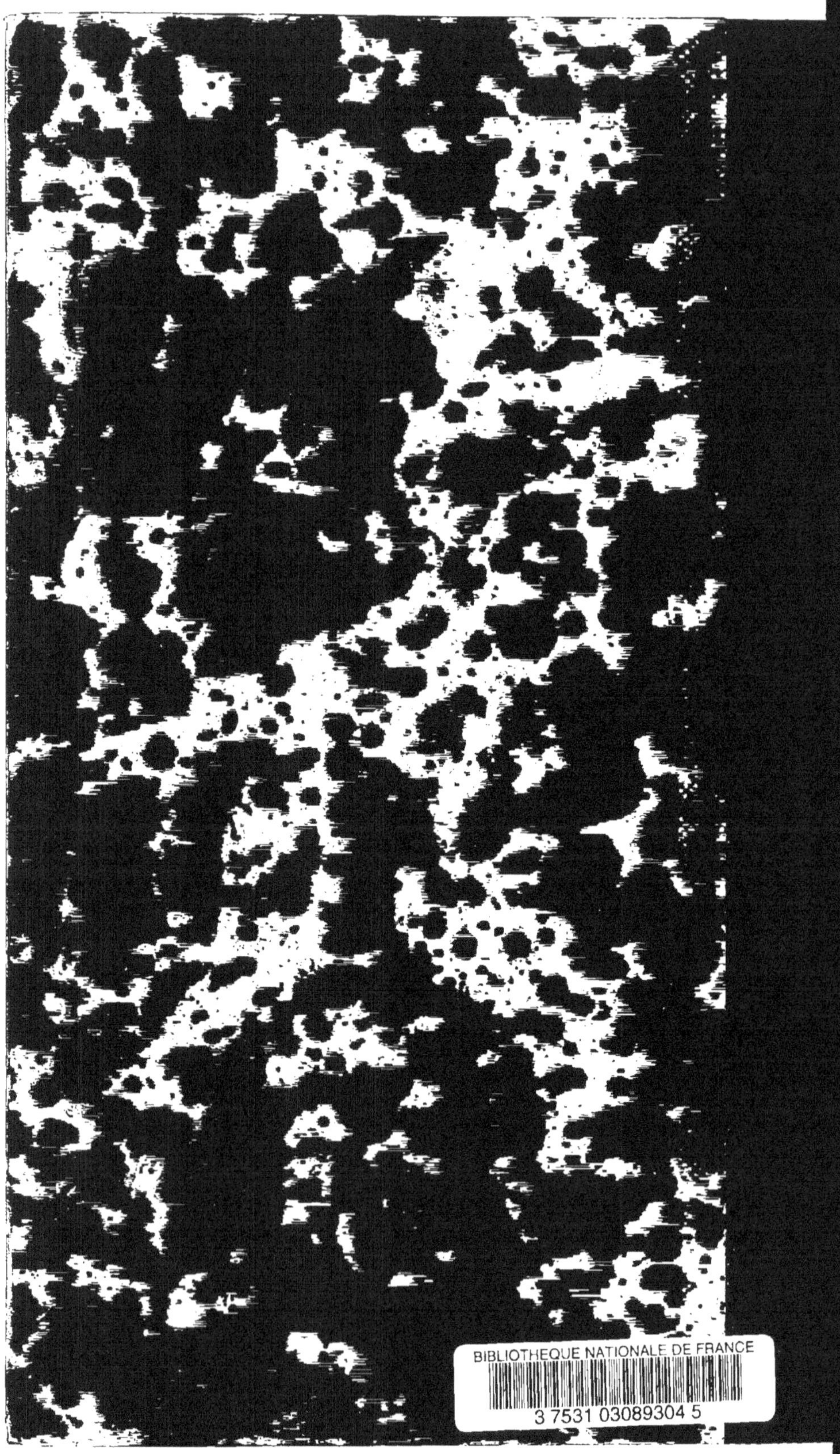

www.ingramcontent.com/pod-product-compliance
Lightning Source LLC
Chambersburg PA
CBHW061344050726
47595CB00005B/2068